Ratschläge zum Gebrauch

Es wird empfohlen, die Ergänzungen entsprechend den angegebenen Seiten des Hauptbandes auszuschneiden und sie auf der betreffenden Seite des Kommentars am inneren Rand aufzukleben. Zu diesem Zweck sind die Rückseiten der Nachtragsblätter unbedruckt geblieben; auch wurden entsprechend große Abstände gelassen.

Der Verlag

S. 9

Dem **1. Absatz der Anm. 3 zu § 2** ist als letzter Satz (**vor a**) anzufügen:

Eine schwerwiegende Folge ist nicht erst in dem Eintritt des Schadens zu sehen, sondern bereits dann gegeben, wenn der Täter durch sein Verhalten einen konkreten Gefahrenzustand für Leib oder Leben von Menschen geschaffen hat und dies für ihn bei gehöriger Sorgfalt erkennbar war; BGH v. 29. 9. 1959, NZWehrr.*) 2 S. 84.

In **Anm. 3a zu § 2** ist als 2. Satz einzufügen:

Es genügt nicht eine abstrakte Gefährdung, erforderlich ist vielmehr ein Zustand, in dem nach den vorliegenden tatsächlichen Umständen innerhalb vernünftiger Lebenserfahrungen die Möglichkeit einer Schädigung wahrscheinlich ist; BayObLG v. 18. 12. 1958, NZWehrr. 1 S. 113.

In **Anm. 3b zu § 2** ist als 2. Satz hinzuzufügen:

Eine Gefahr für die Sicherheit der Bundesrepublik und gleichzeitig für die Schlagfertigkeit der Truppe führt ein Soldat herbei, der sich verbotswidrig in den Machtbereich sowjetzonaler Dienststellen begibt und diesen damit die Möglichkeit verschafft, ihn über dienstliche Angelegenheiten der BW auszufragen; OLG Celle v. 9. 8. 1960, NZWehrr. 3 S. 39.

S. 10

Am **Ende der Anm. 2c zu § 2** ist der Punkt durch ein Komma zu ersetzen und fortzufahren:

ferner Herbert Arndt, Die strafrechtliche Bedeutung des militärischen Befehls, NZWehrr. 2 S. 145.

Auch im Frieden kann eine Gefährdung der Schlagfertigkeit eintreten, z. B. durch Ungehorsam. Es müssen aber besondere Umstände nachgewiesen sein, aus denen eine konkrete Gefährdung ersichtlich ist; Landgericht Bremen v. 3. 7. 1958, NZWehrr. 1 S. 72 mit zustimmender Anm. von Arnold.

---

*) = Neue Zeitschrift für Wehrrecht, herausgegeben von Dr. Eberhard Barth. J. Schweitzer Verlag Berlin 1959 ff.

S. 16

Der **Anm. 4 zu § 5** ist als letzter Satz anzufügen:

Auf die Schwierigkeiten, die sich aus der Forderung der Offensichtlichkeit für die Abgrenzung zwischen Übertretung und Vergehen ergeben können, hat Dietrich Wegener mit zutreffenden Beispielen in NZWehrr. 1 S. 132 hingewiesen; vgl. auch Konrad Schwaiger, der Anwendungsbereich des § 5 WStG., NZWehrr. 3 S. 64.

S. 17

Am **Ende der Anm. 1 zu § 6** ist hinzuzufügen:

Welche Gefahren der Soldat im Einzelfall hinnehmen muß, hängt weitgehend von den Umständen ab. Allgemein ist dazu zu sagen, daß es, wie für den zivilen Kraftfahrer „verkehrsübliche", so für den Soldaten „ausbildungsübliche" Gefahren gibt, d. h. Gefahren, die mit der Ausbildung ihrem Wesen nach verbunden sind, wie z. B. beim Übungswerfen mit Handgranaten. Solchen Gefahren gegenüber ist es üblich und erforderlich, daß besondere Vorsichtsmaßnahmen in Dienstvorschriften und Befehlen angeordnet werden. Im übrigen kommt es auf die jeweilige besondere Lage an. So werden z. B. bei der Probe eines Feueralarms nicht dieselben Sprünge und Kletterübungen angeordnet werden dürfen, wie sie bei einem ernsthaften Feueralarm möglicherweise befohlen werden müßten; Bundesdisziplinarhof, Wehrdienstsenat, v. 8. 3. 1958, NJW S. 1463.

S. 18

In **Anm. 5 zu § 7** ist nach dem 1. Satz (vor „Selbstverständlich") folgender Satz einzufügen:

Dem Richter soll durch § 7 nur verboten werden, allein wegen Trunkenheit statt der gesetzlich angedrohten Regelstrafe die Strafe einem milderen Ausnahmerahmen zu entnehmen; nicht gehindert ist jedoch das Gericht, innerhalb des gesetzlichen Strafrahmens die Strafe mit Rücksicht auf die Trunkenheit zu mildern; OLG Köln v. 25. 3. 60, NZWehrr. 3 S. 88/90.

S. 21

Am Ende des 2. Absatzes (**vor Anm. 2**) ist anzufügen:

Der BGH hat entschieden, daß Strafarrest gegenüber Gefängnis die der Art nach mildere Strafe ist; Urteil v. 9. 12. 1958, Monatsschrift für Deutsches Recht 1959 S. 323.

S. 27

In **Anm. 1 zu § 13** ist als Satz 3 (vor „Die Grundsätze") einzufügen:

Bei tateinheitlichem Zusammentreffen einer militärischen Straftat i. S. des § 2 Nr. 1 WStG und einer nichtmilitärischen Straftat ist die Strafe nach § 3 Abs. 1 WStG i. V. mit § 73 StGB dem Strafgesetz für die nichtmilitärische Straftat zu entnehmen, wenn es die schwerere Strafdrohung enthält; die besonderen Strafvorschriften des WStG., z. B. in § 48 (3), sind in einem solchen Falle daher nicht anwendbar; BGH v. 9. 12. 1958, Monatsschrift für Deutsches Recht 1959 S. 323.

S. 29

Am **Ende der Anm. 3 zu § 13** ist anzufügen:

a. A. BGH im Urteil v. 9. 12. 58 (Monatsschrift für Deutsches Recht 1959 S. 323); er hält Strafarrest gegenüber Gefängnis für eine der Art nach mildere Strafe.

S. 49

Hinter dem 1. Absatz (**vor VI**) ist anzufügen:

Ein Befehl, der eine so große Gefahr für Leib oder Leben von Untergebenen herbeiführt, daß diese Gefahr in keinem Verhältnis zu dem dienstlichen Zweck des Befehls steht, z. B. ein Befehl zu Dienstverrichtungen auf einem von Blindgängern nicht freien Truppenübungsplatz, ist rechtwidrig und unverbindlich; Bundesdisziplinarhof, Wehrdienstsenat, v. 8. 3. 1958, NJW S. 1463, NZWehrr. 1 S. 98.

S. 51

Am **Ende der Anm. 2 zu § 19** ist der Punkt durch ein Komma zu ersetzen und fortzufahren:

qu) der jedem Flug bei der Luftwaffe der BW zugrunde liegende Flugauftrag (vgl. hierzu Jürgen Schreiber, Fliegerischer Ungehorsam, NZWehrr. 1 S. 24, und Jürgen Schreiber, Verantwortlicher Flugzeugführer und Co-Pilot, NZWehrr. 3 S. 59), r) der Befehl, durch den Alkoholgenuß während des Dienstes verboten wird (BayObLG v. 18. 2. 1960, NZWehrr. 2 S. 133), s) der Befehl, bei einer außerdienstlichen Motorradfahrt in Zivil einen Sturzhelm zu tragen, jedoch nur, wenn der Dienstherr den Sturzhelm zur Verfügung stellt (Bundesdisziplinarhof, Wehrdienstsenat, v. 18. 2. 1961, NZWehrr. 3 S. 85).

S. 54

In **Anm. 6 zu § 19** ist als letzter Satz anzufügen:

Eine schwerwiegende Folge ist nicht schon dann durch Nichtbefolgung eines Befehls herbeigeführt, wenn sie anläßlich eines befehlswidrigen Handelns eingetreten ist; vielmehr muß die Nichtbefolgung des Befehls die *Ursache* der schwerwiegenden Folge sein; OLG Schleswig v. 27. 8. 1958, NZWehrr. 1 S. 144. Vgl. hierzu BayObLG v. 18. 2. 1960, NZWehrr. 2 S. 133.

S. 55

Der **Anm. 2 Abs. 2** ist folgender 4. Satz anzufügen:

Streitig ist, ob die Auflehnung auch gegenüber einem Vorgesetzten oder Soldaten erfolgen kann, der dienstlich mit dem Befehl nicht befaßt war (verneinend Dreher-Lackner-Schwalm, Wehrstrafgesetz, München und Berlin 1958, Anm. III 2 zu § 20; vgl. hierzu Ekkehard Arnold, Zum Begriff der Gehorsamsverweigerung nach § 20 Abs. 1 Nr. 1 WStG, NZWehrr. 1 S. 58).

S. 58

In **Anm. 3 II** ist als letzter Satz anzufügen:

Vgl. hierzu BayObLG v. 18. 2. 1960, NZWehrr. 2 S. 32/33.

S. 60

Der **Anm. 4 zu § 22** ist als zweiter Absatz hinzuzufügen: Peter Schlosser hat die Meinung vertreten, § 22 (3) verletze die Art. 1 (1) und 2 (1) GG („Zur verfassungsrechtlichen Problematik der Irrtumsregelung im § 22 WStG", Juristen-Ztg. 1958 S. 526). Auch Maunz hat § 22 (3) als „sehr bedenklich" bezeichnet (Maunz-Dürig, Grundgesetz, München und Berlin 1960, Fußnote 4 zu Art. 1). Hiergegen Rittau, Soldat und Grundgesetz, Wehrwissenschaftliche Rundschau 1961 S. 125/127.

S. 63

In **Anm. 3 III zu § 24** ist als 3. Satz anzufügen:

Der Soldat, der mit einem empfindlichen Übel droht, handelt in der Regel schon dann rechtswidrig, wenn er mit seinem Tun gegen die Grundsätze militärischer Disziplin verstößt; einen solchen Verstoß stellt die Ankündigung in einer Beschwerdeschrift dar, „einen Mitarbeiter der Bildzeitung zum Essen in die Küche einzuladen", falls die Verpflegung in nächster Zeit nicht besser werde; BayObLG v. 2. 6. 1960, NZWehrr. 2 S. 179.

S. 66

Der **Anm. 7 zu § 25** ist folgender Satz anzufügen:

Ein besonders leichter Fall muß angenommen werden, wenn das gesamte Tatbild — einschließlich aller subjektiven Momente und der Täterpersönlichkeit — vom Durchschnitt der erfahrungsgemäß gewöhnlich vorkommenden Fälle in einem Maße abweicht — oder aber auch nur die Schuld sich so außergewöhnlich gering darstellt (vgl. Dreher-Lackner-Schwalm, § 2 WStG, Anm. III, 2) —, daß die Anwendung des normalen Strafrahmens als zu hart und daher die Anwendung des Ausnahmestrafrahmens als geboten erscheint; OLG Köln v. 25. 3. 1960, NZWehrr. 3 S. 88/89.

S. 77

In der **10. Zeile von unten** ist nach der Klammer einzufügen:

Auch darf nicht übersehen werden, daß die Grundrechte der Unantastbarkeit der Würde des Menschen (Art. 1 Abs. 1 GG) und der körperlichen Unversehrtheit (Art. 2 Abs. 2 GG) auch für Soldaten gelten, was der BGH im Urteil v. 3. 5. 1960 (NJW S. 1477) nicht beachtet hat (s. Anm. von Rittau daselbst); s. hierzu v. Mitzlaff in NZWehrr. 3 S. 49 und 2. Jahrsbericht des Wehrbeauftragten v. 14. 4. 1961, BT-Drucksache 2666, S. 39/40.

S. 145

Hinter Art. 7 ist statt der zu streichenden Anm. „Die vorgesehene RechtsVO ist noch nicht erlassen" zu setzen: Die vorgesehene RechtsVO ist am 25. 9. 1958 erlassen worden und als Anhang 4 abgedruckt.

S. 146

In der **Überschrift** ist hinter (BGBl. I S. 459) zu setzen: Geändert durch VO v. 31. 1. 1959 (BGBl. I S. 34) und v. 6. 8. 1960 (BGBl. I S. 684).

S. 157

Auf **Anhang** 3 folgen die Anhänge 4 und 5:

Anhang 4

Rechtsverordnung über den Vollzug des Strafarrestes

Vom 25. August 1958

(BGBl. I S. 647)

Auf Grund des Artikels 7 des Einführungsgesetzes zum Wehrstrafgesetz vom 30. März 1957 (Bundesgesetzbl. I S. 306) verordnet die Bundesregierung mit Zustimmung des Bundesrates:

§ 1

Geltungsbereich

§§ 2 bis 11 dieser Verordnung gelten für den Vollzug des Strafarrestes durch Behörden der Bundeswehr.

§ 2

Art der Unterbringung

(1) Strafarrest bis zu einem Monat wird in Kasernenarresträumen oder Standortarrestanstalten, Strafarrest von mehr als einem Monat in Strafanstalten der Bundeswehr vollzogen.

(2) Der Bestrafte wird in Einzelhaft oder in Gemeinschaftshaft mit anderen Soldaten, die sich im Strafarrest befinden, untergebracht. Die Einzelhaft soll nur aus zwingenden Gründen so vollzogen werden, daß der Bestrafte unausgesetzt allein ist.

(3) Bei der Entscheidung über die Haftform sind insbesondere die Persönlichkeit des Bestraften, sein Lebensalter und Gesundheitszustand, die Strafdauer, die Ordnung und Sicherheit im Vollzug und die nach § 5 gebotene Beschäftigung zu berücksichtigen.

§ 3

Ärztliche Überwachung

(1) Bestehen vor Beginn des Strafvollzuges nach ärztlichem Befund Bedenken gegen den Vollzug des Strafarrestes, so ist die Entscheidung der Vollstreckungsbehörde herbeizuführen.

(2) Ergeben sich solche Bedenken nach Beginn des Strafvollzuges, so ist die Vollstreckungsbehörde unverzüglich zu verständigen. Bevor der Bestrafte in eine von der Vollzugsanstalt getrennte Krankenanstalt verbracht wird, ist möglichst die Entscheidung der Vollstreckungsbehörde darüber abzuwarten, ob die Strafvollstreckung unterbrochen werden soll.

§ 4

Behandlung

(1) Der Bestrafte hat die Rechte und Pflichten des Soldaten, soweit sich nicht aus dem Strafvollzug etwas anderes ergibt.

(2) Der Vollzug des Strafarrestes soll in dem Bestraften die Einsicht vertiefen, daß er für begangenes Unrecht einzustehen hat, und seine Bereitschaft fördern, die soldatischen Pflichten zu erfüllen und ein gesetzmäßiges und geordnetes Leben zu führen.

(3) Der Bestrafte ist täglich eine Stunde zur Bewegung im Freien anzuhalten, wenn die Witterung es zuläßt und soweit er sich nicht schon beim Dienst oder bei der Arbeit im Freien aufhält.

(4) Bei Arreststrafen von mehr als einem Monat können einem Bestraften, der sich gut führt, im Rahmen eines allmählich gelockerten Vollzugs verständige Wünsche erfüllt und Vollzugserleichterungen bewilligt werden, sofern das mit der Ordnung und Sicherheit im Vollzug vereinbar ist. Als besondere Erleichterungen können das Verlassen der Unterkunft und Urlaub bis zu drei Tagen gewährt werden.

§ 5

Beschäftigung

(1) Der Bestrafte soll in der Regel militärischen Dienst leisten. Ist das wegen seiner Persönlichkeit, der Art des Dienstes, der Kürze der Strafe oder aus anderen Gründen untunlich, so soll er nach Möglichkeit in einer Weise beschäftigt werden, die seine Ausbildung fördert.

(2) Soweit der Bestrafte nicht nach Absatz 1 beschäftigt wird, kann er im Kasernen- oder Anstaltsbereich zu Arbeiten herangezogen werden, die dem Erziehungszweck dienen und seinen Fähigkeiten angemessen sind. Er erhält keine Arbeitsbelohnung.

§ 6

Genußmittel

(1) Der Bestrafte darf sich Rauchwaren und andere Genußmittel in mäßigem Umfang vom eigenen Geld beschaffen.

(2) Der Genuß alkoholischer Getränke ist verboten.

§ 7

Verkehr mit der Außenwelt

(1) Der Bestrafte darf wöchentlich einen Brief absenden. Aus wichtigem Grund kann die Absendung weiterer Briefe zugelassen werden. Ohne zeitliche Beschränkung können Eingaben an die Volksvertretung der Bundesrepublik Deutschland oder eines ihrer Länder, an den Wehrbeauftragten des Bundestages, an Vorgesetzte, Gerichte und Staatsanwaltschaften abgesandt werden. Dasselbe gilt für Schreiben an andere Dienststellen und in Rechtsangelegenheiten an Rechtsanwälte, Notare, andere Personen, die die Besorgung solcher Angelegenheiten geschäftsmäßig betreiben, und Verteidiger.

(2) Der Bestrafte darf Briefe ohne zeitliche Beschränkung empfangen. Gehen sie in so geringen Zeitabständen ein, daß die Ordnung in der Anstalt gestört wird, so dürfen sie nach erfolglosem Hinweis an den Absender zurückgesandt werden, es sei denn, daß ihr Inhalt für den Bestraften bedeutungsvoll ist.

(3) Der Schriftverkehr wird überwacht. Sendungen, die unleserlich oder in einer Geheimsprache oder in Kurzschrift geschrieben sind oder deren Inhalt den Tatbestand eines Strafgesetzes erfüllt, den Anstand gröblich verletzt oder geeignet ist, die Ordnung oder Sicherheit im Vollzug zu stören, können zurückgehalten werden; dies gilt nicht für Eingaben nach Absatz 1 Satz 3. Personen, die nicht mit der Überwachung beauftragt sind (§ 10), dürfen von dem Inhalt von Schreiben nur Kenntnis erhalten, soweit das zur zweckmäßigen Behandlung des Bestraften und zur Aufrechterhaltung von Ordnung und Sicherheit im Vollzug erforderlich ist.

(4) Der Bestrafte darf einmal monatlich Besuch empfangen. Weitere Besuche können gestattet werden, wenn ein wichtiger Grund vorliegt. Der Besuch darf überwacht werden.

(5) Besucher können zurückgewiesen werden, wenn zu befürchten ist, daß sie den Bestraften schädlich beeinflussen oder die Ordnung oder Sicherheit im Vollzug gefährden.

(6) Der schriftliche und mündliche Verkehr des Bestraften mit seinem Verteidiger, gleichviel in welcher Strafsache dieser für ihn tätig wird, ist gestattet und wird nicht überwacht.

(7) Ist gegen den Bestraften in einer anderen Sache die Untersuchungshaft angeordnet worden, so gelten die Bestimmungen der Absätze 1 bis 6 nur, soweit nicht der Richter hinsichtlich der Überwachung des Verkehrs des Bestraften mit der Außenwelt andere Anordnungen trifft.

§ 8

Ordnung und Sicherheit im Vollzug

(1) Gefährdet ein Bestrafter die Ordnung oder Sicherheit im Vollzug, so können besondere Sicherungsmaßnahmen getroffen werden. Sie dürfen nur insoweit und so lange aufrechterhalten werden, als notwendig ist, um die Ordnung oder Sicherheit zu gewährleisten oder wiederherzustellen.

(2) Als besondere Sicherungsmaßnahmen sind zulässig

1. die Entziehung von Gegenständen, die der Bestrafte zur Gewalttätigkeiten, zum Entweichen oder sonst mißbrauchen könnte;
2. die Unterbringung in Einzelhaft oder Gemeinschaftshaft;
3. die Unterbringung in einer Beruhigungszelle.

(3) Eine in ihrer Wirkung schärfere Sicherungsmaßnahme darf nur angeordnet werden, wenn eine leichtere keinen Erfolg verspricht.

§ 9

Ahndung von Verstößen

(1) Schuldhafte Verstöße gegen die Ordnung oder Sicherheit im Vollzug können durch Hausstrafen geahndet werden.

(2) Als Hausstrafen sind nur zulässig

1. die Beschränkung oder Entziehung von Vollzugserleichterungen;
2. die Beschränkung oder Entziehung der künstlichen Zellenbeleuchtung auf höchstens zwei Wochen;
3. hartes Lager für höchstens eine Woche;
4. Schmälerung der Kost für höchstens eine Woche.

(3) Mehrere der in Absatz 2 bezeichneten Maßnahmen dürfen zu einer Hausstrafe verbunden werden.

(4) Die Hausstrafen des harten Lagers und der Kostschmälerung dürfen erst vollzogen werden, wenn der zuständige Arzt zugestimmt hat. Der Vollzug dieser Strafen entfällt an jedem dritten Tage.

§ 10

Entscheidungen des Vollzugsleiters

Die Entscheidungen nach § 2 Abs. 2 und §§ 4 bis 9 trifft der Vollzugsleiter. Die Überwachung des Schriftverkehrs und des Besuchs kann er geeigneten Vollzugsbediensteten übertragen.

§ 11

Verhältnis zur Wehrdisziplinarordnung und zur Wehrbeschwerdeordnung

(1) Einfache Disziplinarstrafen (§ 10 der Wehrdisziplinarordnung) dürfen nicht neben Hausstrafen und nur dann verhängt werden, wenn eine Hausstrafe nicht ausreicht.

(2) Die Wehrbeschwerdeordnung ist anzuwenden. Ist die weitere Beschwerde gegen eine Strafvollzugsmaßnahme des Vollzugsleiters erfolglos geblieben oder ist über sie innerhalb eines Monats nicht entschieden worden, so kann der Bestrafte, soweit nicht andere gerichtliche Zuständigkeiten gesetzlich begründet sind, die Entscheidung des Truppendienstgerichts (§ 17 der Wehrbeschwerdeordnung) beantragen, wenn seine Beschwerde eine Verletzung seiner Rechte oder eine Verletzung von Pflichten eines Vorgesetzten ihm gegenüber zum Gegenstand hat.

§ 12

Vollzug des Strafarrestes durch die allgemeinen Vollzugsbehörden

Soweit Strafarrest durch die allgemeinen Vollzugsbehörden vollzogen wird, ist er wie Haft zu vollziehen. Jedoch kann der Bestrafte zu Arbeiten ebenso herangezogen werden wie beim Vollzug der Gefängnisstrafe.

§ 13

Inkrafttreten

Diese Verordnung tritt am Tage nach ihrer Verkündung in Kraft.

Bonn, den 25. August 1958.

Der Stellvertreter des Bundeskanzlers
Ludwig Erhard

Der Bundesminister der Justiz
Schäffer

Der Bundesminister für Verteidigung
Strauß

Anhang 5

Rechtsverordnung zur Durchführung der Erziehungshilfe durch den Disziplinarvorgesetzten (§ 112a Nr. 2 des Jugendgerichtsgesetzes)

Vom 25. August 1958
(BGBl. I S. 645)

Auf Grund des § 115 Abs. 3 des Jugendgerichtsgesetzes vom 4. August 1953 (Bundesgesetzbl. I S. 571) in der Fassung des Einführungsgesetzes zum Wehrstrafgesetz vom 30. März 1957 (Bundesgesetzbl. I S. 306) verordnet die Bundesregierung mit Zustimmung des Bundesrates:

§ 1

Geltungsbereich

(1) Hat der Richter Erziehungshilfe durch den Disziplinarvorgesetzten rechtskräftig angeordnet (§ 112a Nr. 2 des Jugendgerichtsgesetzes), so unterliegt der Soldat für ihre Dauer den Vorschriften der §§ 2 bis 9.

(2) Der nächste Disziplinarvorgesetzte eröffnet dem Soldaten, daß er seine Überwachung und Betreuung (§ 112b Abs. 1 des Jugendgerichtsgesetzes) übernommen habe und macht den Tag der Eröffnung aktenkundig.

§ 2

Gemeinschaftsunterkunft und Gemeinschaftsverpflegung

Der Soldat hat in einer Gemeinschaftsunterkunft zu wohnen und an einer Gemeinschaftsverpflegung teilzunehmen, wenn nicht zwingende dienstliche oder gesundheitliche Gründe entgegenstehen.

§ 3

Dienstleistung

Der Soldat leistet Dienst wie jeder andere Soldat der Einheit.

§ 4

Auflagen

(1) Der nächste Disziplinarvorgesetzte kann dem Soldaten, auch für die Freizeit, Auflagen machen, die dem Zweck der Erziehungsmaßregel dienen.

(2) Insbesondere kann er eine bestimmte Beschäftigung aufgeben oder ihm verbieten,

1. alkoholische Getränke oder andere Rauschmittel zu sich zu nehmen,
2. Gaststätten, Vergnügungsstätten oder Spielhallen aufzusuchen,
3. sich an Glücksspielen zu beteiligen,
4. sich an bestimmten Orten oder Örtlichkeiten aufzuhalten,
5. mit bestimmten Personen oder Personen bestimmter Gruppen zu verkehren, von denen zu befürchten ist, daß sie ihn schädlich beeinflussen werden, oder
6. bestimmte Gegenstände im Besitz zu haben, die ihm Gelegenheit oder Anreiz zu weiteren Straftaten bieten können.

§ 5

Verlassen der Unterkunft

(1) Der Soldat darf sich einen Monat lang während seiner Freizeit nicht außerhalb der Gemeinschaftsunterkunft aufhalten; die Frist beginnt mit dem Tage der Eröffnung (§ 1 Abs. 2). Aus zwingenden Gründen oder bei besonders guter Führung kann der nächste Disziplinarvorgesetzte Ausnahmen zulassen.

(2) Darüber hinaus kann der nächste Disziplinarvorgesetzte, wenn es dem Zweck der Erziehungsmaßregel dient, den Aufenthalt während der Freizeit außerhalb der Gemeinschaftsunterkunft zeitlich beschränken oder für insgesamt nicht mehr als vier Monate verbieten.

§ 6

Urlaub

(1) Erholungsurlaub ist dem Soldaten in den ersten drei Monaten nach dem Tage der Eröffnung (§ 1 Abs. 2) zu versagen. Bei besonders guter Führung kann der nächste Disziplinarvorgesetzte Ausnahmen zulassen.

(2) In der Folgezeit kann der nächste Disziplinarvorgesetzte dem Soldaten den allgemein zustehenden Erholungsurlaub ganz oder teilweise gewähren, wenn keine erzieherischen Nachteile zu erwarten sind oder diese auf andere Weise, insbesondere durch Auflagen (§ 4), vermieden werden können.

§ 7

Besoldung

(1) Die Besoldung des Soldaten wird nicht gekürzt.

(2) Der nächste Disziplinarvorgesetzte kann anordnen, daß dem Soldaten nur ein Teil der Besoldung, jedoch mindestens ein Viertel, ausgezahlt wird, wenn es dem Zweck der Erziehungsmaßregel dient. Der Rest ist spätestens am Ende der Erziehungshilfe nachzuzahlen.

§ 8

Vorschlag für die Beendigung der Erziehungshilfe

Hält der nächste Disziplinarvorgesetzte den Zweck der Erziehungshilfe für erreicht, bevor sie ein Jahr gedauert hat oder der Soldat zweiundzwanzig Jahre alt geworden ist oder der Soldat aus dem Wehrdienst entlassen wird, so schlägt er dem Vollstreckungsleiter vor, die Erziehungsmaßregel für erledigt zu erklären.

§ 9

Verhältnis zur Wehrdisziplinarordnung und zur Wehrbeschwerdeordnung

(1) Die Vorschriften der Wehrdisziplinarordnung werden durch diese Verordnung nicht berührt.

(2) Die Vorschriften der Wehrbeschwerdeordnung finden Anwendung. Ist die weitere Beschwerde gegen eine Maßnahme, die der nächste Disziplinarvorgesetzte nach dieser Verordnung getroffen hat, erfolglos geblieben oder ist über sie innerhalb eines Monats nicht entschieden worden, so kann der Soldat, soweit nicht andere gerichtliche Zuständigkeiten gesetzlich begründet sind, die Entscheidung des Truppendienstgerichts (§ 17 der Wehrbeschwerdeordnung) beantragen, wenn seine Beschwerde eine Verletzung seiner Rechte oder eine Verletzung von Pflichten eines Vorgesetzten ihm gegenüber zum Gegenstand hat.

§ 10

Inkrafttreten

Diese Verordnung tritt am Tage nach ihrer Verkündung in Kraft.

Bonn, den 25. August 1958.

Der Stellvertreter des Bundeskanzlers
Ludwig Erhard

Der Bundesminister der Justiz
Schäffer

Der Bundesminister für Verteidigung
Strauß

FSC
www.fsc.org
MIX
Papier | Fördert gute Waldnutzung
FSC® C083411

Kolibri 360 GmbH
Ferdinand-Jühlke-Straße 7
99095 Erfurt, Deutschland
produktsicherheit@kolibri360.de